Inhalt

Pferd mit Puderzucker — 4

Gugelhupf — 10

Eine Spur — 18

Wie gemein! — 24

Mission erfüllt — 32

Pferd mit Puderzucker

Ida ist mit ihrem Fahrrad
oben auf dem Hügel angelangt.
Sie ist auf dem Weg
zur Reitstunde.
Der Ponyhof liegt nur noch
wenige Minuten entfernt
vor ihr im Tal.
Aber irgendetwas
muss passiert sein.

Viele Kinder haben sich
am Hoftor versammelt.
Alle rufen durcheinander:
„Wer ist das? Wo kommt es her?
Warum ist es hier? Oh, wie süß!"
Als Ida näher kommt,
sieht sie den Grund
für die Aufregung.

Ein Pferd ist an den Stamm des Apfelbaumes gebunden.

Es steht mit hängendem Kopf
und traurigem Blick da.
Es ist groß und eher eckig
als rund.
  Am wunderlichsten
  aber ist seine Farbe:
  Hellbraun und Weiß.
Als hätte jemand
ein großes Paket Puderzucker
über sein Hinterteil geschüttet.
Und ein kleines über die Nase.
Da ruft Biggi, die Reitlehrerin:
„So, Kinder! Genug geguckt!
Holt bitte jetzt eure Pferde
von der Koppel.
In zehn Minuten
beginnt die Reitstunde!"

Alle rennen los und Ida steht nun
alleine mit Biggi
vor dem seltsamen Pferd.
„Jemand hat es einfach
hier angebunden",
sagt Biggi zu Ida.
Sie deutet kopfschüttelnd
auf eine Pappe mit der Aufschrift:
SUCHE ZUHAUSE!

Frage „Suche Zuhause!" Kann das Pferd
denn schreiben?

Biggi stemmt energisch
die Arme in die Seiten:
„Wer hier zu Hause sein will,
muss dafür arbeiten.
Und dieses Pferd
ist zu alt zum Arbeiten.
Komm zum Unterricht, Ida,
ich kümmere mich später darum.
Hier kann das Pferd
jedenfalls nicht bleiben.
Wir sind doch
kein Pferde-Altenheim!"
Und weg ist sie.

Gugelhupf

„Wie heißt du denn?",
fragt Ida das Pferd.
Behutsam streichelt sie ihm
über das Puderzucker-Maul.
„Und wer hat dich hier
angebunden?"
Sie betrachtet das Pappschild
und dreht es um.
Auf der Rückseite des Schilds
steht auch etwas.
Man kann es gerade noch lesen.

Brote, Brötchen, Gugelhupfe –
kauft man frisch bei Bäcker Stupfe

Das sieht aus wie ein leckerer …
„Gugelhupf!", ruft Ida so laut,
dass das Pferd zusammenzuckt.
„Gugelhupf mit Puderzucker.
Genauso siehst du aus!
Der beste Name für dich!"

„Hacken tief, Lisa!", schallt es
vom Reitplatz herüber.
„Hände ruhig, Alina!
Lena! Wo ist dein Ellenbogen?",
brüllt Biggi.
Die Reitstunde hat angefangen.
Irgendwie findet Ida
das heute richtig doof.
Plötzlich hat sie keine Lust mehr,
sich anmeckern zu lassen.

Sie sieht Gugelhupf an.
„Reiten fällt für mich heute aus.
Du bist wichtiger."
Und dann hat sie DIE Idee.
„Komm, Gugelhupf, ich weiß,
wo du bleiben kannst."

Sie löst den Strick vom Baum
und führt das Pferd vom Hof.
Gugelhupf trottet brav
hinter ihr her.
Das Fahrrad kann sie
ja später abholen.

Sie spazieren den Feldweg entlang.
Dann durch das Wäldchen.
Nach einer halben Stunde
halten sie vor dem rostigen Tor
einer Gärtnerei.
Hier wohnt Ali,
Idas bester Freund.
Ida geht mit Gugelhupf zielstrebig
zu einem kleinen Holzhäuschen.
Daneben steht auch noch
ein alter Stall.

Der Opa von Ali
hatte nämlich früher Pferde.
Aber jetzt leben schon lange
keine Tiere mehr darin.
Hier hätte Gugelhupf genug Platz.
Und ein Dach über dem Kopf.

Aber erst mal lässt Ida
Gugelhupf auf die Wiese.
„Du wartest hier", sagt sie
und klopft ihn liebevoll.
Gugelhupf steckt seine Nase
in das saftige Gras.
Und wo ist Ali?

Ida klopft an die Schuppentür.
Ali sitzt am Tisch und hat den Kopf
über ein Laptop gebeugt.
„Hallo Ali!" Ida holt tief Luft:
„Du musst uns helfen."

Hilfe für Gugelhupf! Was kann Ali tun? Frage

Eine Spur

Ida und Ali setzen sich
auf eine Bank vor den Schuppen.
Gugelhupf mäht die Wiese.
Als Ida alles erzählt hat,
sagt Ali: „Krass."
Ida nickt: „Meinst du,
er kann bei euch bleiben?"

„Klar!", antwortet Ali.
Ida fragt: „Und dein Vater?
Wird er es erlauben?"
Ali denkt nach.
„Fragen können wir ihn jetzt nicht.
Er ist in geheimer Mission
unterwegs." Er grinst.
„In der Zwischenzeit
müssen wir herausfinden,
wer Gugelhupf ausgesetzt hat.
Eine gute Geschichte
kann Papa sicher überzeugen."

Detektivarbeit! Weißt du, welcher Spur sie nachgehen? **Frage**

Sofort machen sie sich
an die Arbeit.
Immerhin haben sie eine Spur:
Das Schild, das Gugelhupf
um den Hals hängen hatte.
Ali hämmert auf die Tastatur
seines Laptops.
Die Suchmaschine läuft.

Nach wenigen Augenblicken
ruft Ali: „Da! Ich habe es!
Hier gibt es eine Bäckerei Stupfe.
Los, ich nehme dich
auf meinem Fahrrad mit!"
Die beiden düsen los.

Aber eine Bäckerei finden sie nicht.
Sie stehen vor
einem frisch gestrichenen Haus.
Ali drückt auf die Klingel.

„Silberblick" steht auf dem Schild.
„Ja, bitte?", sagt die Frau,
die ihnen die Tür öffnet.
„Guten Tag", antwortet Ida höflich,
„entschuldigen Sie bitte
die Störung.
Wir suchen den Bäcker Stupfe.
Ist dies nicht sein Haus?"
Die Frau lächelt.

„Dies WAR sein Haus.
Er musste die Bäckerei verkaufen.
Wir haben sie umgebaut.
Jetzt wohnen wir hier."
Ida und Ali sehen sich an.
„Sie wissen nicht zufällig,
ob Herr Stupfe ein Pferd hatte?"
fragt Ali. „Ein großes Pferd,
das aussieht wie mit
Puderzucker bestäubt?"

Wie gemein!

Frau Silberblick sitzt auf dem Sofa
und erzählt.
Ida und Ali hören gespannt zu.
„Herr Stupfe ist heute früh
zu seinem Sohn
nach Indien geflogen."
Sie reicht den beiden ein Foto.

„Er hatte ein Kutschpferd,
es stand drüben auf der Koppel."
Sie deutet nach draußen.
„Er wusste nicht, wohin mit ihm.
Sogar uns wollte er es andrehen!
Aber was sollen wir denn
mit einem Pferd?"

Wohin mit Gugelhupf?
Könntest du ein Pferd gebrauchen?

Frage

„Und da hat er es einfach
am Ponyhof angebunden!",
ruft Ida empört.
Sie hat Tränen in den Augen.
„Warum hat er nicht mit Biggi
gesprochen?", fragt Ali.
„Sie hätte Nein gesagt", meint Ida.
Frau Silberblick ist entsetzt:
„Wie kann man nur so gemein sein!
Jahrelang zieht das Tier
seinen Wagen und dann
setzt er es einfach aus!"

Frau Silberblick bringt die Kinder
zur Tür und drückt Ida
einen Umschlag in die Hand.
Darin ist das alte Foto
von Gugelhupf
vor dem Bäckerkarren.
„Viel Glück euch beiden!
Und alles Gute für das Pferd!"

Gugelhupf freut sich,
als Ida und Ali wiederkommen.
Er wiehert leise
und legt Ida die weiße Nase
auf die Schulter.
Sie schlingt die Arme
um seinen Hals und flüstert:
„Ab jetzt wird alles gut."

„Los, Ida, wir haben keine Zeit
zum Kuscheln", meint Ali.
„Wir müssen uns
um den Stall kümmern.
Wenn mein Vater zurückkommt
und alles fertig ist,
sagt er bestimmt nicht Nein.
Und ich wette, wir haben
einen Haufen Arbeit vor uns."

Aber als die Kinder
die Stalltür öffnen,
liegt in einer der beiden Boxen
schon frisches Stroh.
Duftende Heuballen stehen bereit.
Sogar ein Sack Möhren
lehnt an der alten Futtertruhe.

„Als hätte ihn jemand erwartet",
wundert sich Ida.
„Ich war so lange nicht hier drin",
sagt Ali verblüfft.
„Komischer Zufall …
Aber superpraktisch, oder?"
„Super-super-praktisch!", ruft Ida.
„Gugelhupf kann direkt einziehen!"

Mission erfüllt

Plötzlich hören Ida und Ali
ein Auto auf den Hof fahren.
Alis Vater ist zurück!
Nun müssen sie ihm erklären,
dass ab jetzt wieder ein Pferd
im Stall wohnen wird.
Die beiden laufen raus
und staunen.

Der Lieferwagen zieht
einen Pferdehänger.
Wozu denn das?
Alis Vater steigt aus
und sagt zufrieden:
„Ida! Ali! Meine geheime
Mission ... ist erfüllt!
Ihr werdet große Augen machen!"

Mission erfüllt! Kannst du dir denken, was Alis Vater mitgebracht hat?

Frage

Ein Wiehern ertönt.
Ida hält die Luft an.
„Sei still, Gugelhupf …", denkt sie.
Wieder wiehert es.
Allerdings kommt es nicht
von der Wiese
hinter dem Gewächshaus.
Sondern aus dem Anhänger!
Was hat das zu bedeuten?

Alis Vater klatscht
vor Freude in die Hände.
„Ein Pferdefuhrwerk
war schon immer mein Traum!
Damit werde ich ab jetzt
die Pflanzen ausliefern,
wie schon mein Vater es getan hat.
Die Kunden werden begeistert sein!
Ganz umweltfreundlich!"

„Warum hast du mir
denn nichts davon erzählt?",
fragt Ali.
Er klingt ein wenig beleidigt.

Sein Vater legt ihm die Hand
auf die Schulter.
„Ich wollte nicht, dass du
mir das ausredest, Ali.
Von wegen altmodischer Kram
und so …
Los, helft mir, meine Bella
auszuladen."

Stolz führt Alis Vater
sein neues Pferd zum Stall.
Bella ist ein echtes Zugpferd.
Sie ist nicht sehr groß,
aber kräftig gebaut.
Unter ihrem langen Schopf
blitzen freundliche Augen.
Ida läuft zu ihr und streichelt
die wellige Mähne.

Ali räuspert sich: „Du, Papa …"
Doch da klappert es
hinter ihnen auf dem Pflaster.
Gugelhupf trabt über den Hof,
direkt auf sie zu.
Alis Vater klappt
die Kinnlade herunter:
„Wo kommt das denn her?"
Gugelhupf schnaubt freundlich.
Bella quiekt und macht
einen Hüpfer.

Keiner sagt etwas.
Ida blickt vorsichtig zu Alis Vater.
Der starrt fassungslos
auf die Pferde.
Seine Mundwinkel zucken.
„Da haben sich ja zwei gefunden,
was?", sagt er schließlich.
Und dann lacht er und lacht
und kann gar nicht mehr aufhören.
Die Frage,
ob Gugelhupf bleiben kann,
braucht keiner mehr zu stellen.
Die Antwort ist ohnehin klar.

Leserabe Leserätsel

Rätsel 1   **Viel zu viele Buchstaben!**

Streiche die Buchstaben, die zu viel sind.

Gugugeltihupfele

Pupaderzuzacker

Biäckelereis

Rätsel 2   **Wörter ohne Grenzen**

Wie viele Wörter aus der Geschichte findest du?

PFERDWAGENHOFKUTSCHEBOXKOPPEL

GRASWIESETORINDIENBELLAHEU

Lösungen:
Rätsel 1: Übrig bleiben Gugelhupf, Puderzucker, Bäckerei
Rätsel 2: Pferd, Wagen, Hof, Kutsche, Box, Koppel
Gras, Wiese, Tor, Indien, Bella, Heu

Wörter im Versteck

Rätsel 3

Insgesamt sind fünf Wörter versteckt.
Kreise sie ein.

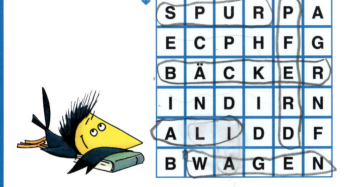

Für Pferde-Profis

Rätsel 4

Pferde stehen den Tag über oft auf einer __Weide__.
Am Abend werden sie in den __Stall__ und dort in
eine __Box__ gebracht. Pferde fressen Heu und
gerne auch __Mören__.

Lösungen:
Rätsel 3: Pferd, Bäcker, Ali, Wagen, Spur
Rätsel 4: Koppel, Stall, Box, Möhren

Rätsel 5 — Rätsel für die Rabenpost

Was stimmt? Ersetze die richtige Zahl durch den passenden Buchstaben. Dann erhältst du das Lösungswort.

	Ja	Nein
Gugelhupfs Hinterteil ist schwarz.	19	16 P
Der Bäcker macht eine Reise.	6 F	11 K
Ida reitet nicht so gerne.	22	5 E
Bella mag Gugelhupf.	18 R	2
Alis Vater möchte Bäcker werden.	14	4 D

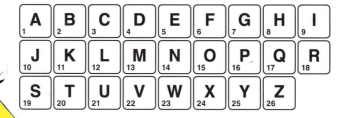

Lösungswort:

P f e r d

Rabenpost

Super, geschafft!

Jetzt ist es Zeit für die Rabenpost.
Wenn du das Lösungswort herausgefunden hast, kannst du tolle Preise gewinnen!

Gib es auf der  Website ein
▶ www.leserabe.de,

mail es uns ▶ leserabe@ravensburger.de

oder schick es mit der Post.

Lösungswort: PFERD

An
den LESERABEN
RABENPOST
Postfach 2007
88190 Ravensburg
Deutschland